U0620332

落其实者思其树，饮其流者怀其源。
谨以此书感谢香港意得集团有限公司对满文古籍文献事业发展的
重视以及对满文档案整理研究工作的大力支持。

黑龙江省档案馆　黑龙江大学满学研究院◎编

清代黑龙江户口档案选编

鄂伦春索伦达呼尔贡貂牲丁册

第六册

光绪朝

黑龙江大学出版社

图书在版编目（CIP）数据

清代黑龙江户口档案选编．鄂伦春索伦达呼尔贡貂牲
丁册．光绪朝 ／ 黑龙江省档案馆，黑龙江大学满学研究
院编．-- 哈尔滨：黑龙江大学出版社，2023.12
ISBN 978-7-5686-1075-9

Ⅰ．①清… Ⅱ．①黑… ②黑… Ⅲ．①户籍－历史档
案－档案整理－黑龙江省－清代 Ⅳ．① K293.5

中国国家版本馆 CIP 数据核字 (2023) 第 254625 号

清代黑龙江户口档案选编·鄂伦春索伦达呼尔贡貂牲丁册（光绪朝）
QINGDAI HEILONGJIANG HUKOU DANG'AN XUANBIAN·ELUNCHUN SUOLUN DAHU'ER GONGDIAO SHENGDINGCE（GUANGXU CHAO）
黑龙江省档案馆　黑龙江大学满学研究院　编

策　划	戚增媚　陈连生	
责任编辑	魏　玲	
出版发行	黑龙江大学出版社	
地　址	哈尔滨市南岗区学府三道街 36 号	
印　刷	哈尔滨市石桥印务有限公司	
开　本	880 毫米 ×1230 毫米　1/16	
印　张	200	
字　数	2562 千	
版　次	2023 年 12 月第 1 版	
印　次	2023 年 12 月第 1 次印刷	
书　号	ISBN 978-7-5686-1075-9	
定　价	1280.00 元（全十册）	

本书如有印装错误请与本社联系更换，联系电话：0451-86608666。

目录

管理布特哈索伦达呼尔等处地方副都统衔总管诺穆德勒赫尔等为呈报摩凌阿鄂 1
伦春贡貂牲丁旗佐职名册致黑龙江将军（光绪三年六月二十四日）

 正红旗阿穆丕木巴牛录贡貂牲丁职名册 1

 正红旗托精阿牛录贡貂牲丁职名册 4

 正红旗德迷善牛录贡貂牲丁职名册 6

 镶白旗和寿牛录贡貂牲丁职名册 7

 镶红旗正常牛录贡貂牲丁职名册 9

 正蓝旗巴尼遴扎布牛录贡貂牲丁职名册 11

管理布特哈索伦达呼尔等处地方副都统衔总管诺穆德勒赫尔等为呈报布特哈不 17
食饷雅发罕鄂伦春贡貂牲丁旗佐职名册致黑龙江将军（光绪三年六月二十四日）

 镶黄旗鄂伦春德济木保牛录贡貂牲丁职名册 17

 镶黄旗鄂伦春爱图山牛录贡貂牲丁职名册 34

 镶黄旗鄂伦春吉隆阿牛录贡貂牲丁职名册 47

 正白旗毕拉尔额勒图牛录贡貂牲丁职名册 52

 正白旗毕拉尔德木清额牛录贡貂牲丁职名册 56

 正红旗鄂伦春托精阿牛录贡貂牲丁职名册 66

 镶白旗鄂伦春和寿牛录贡貂牲丁职名册 68

 正蓝旗鄂伦春巴尼遴扎布牛录贡貂牲丁职名册 77

【贡貂牲丁职名册】（光绪五年六月二十一日） 83

 【镶黄旗鄂伦春】爱图山牛录贡貂牲丁职名册 97

 【镶黄旗鄂伦春】吉隆阿牛录贡貂牲丁职名册 109

 正白旗毕拉尔额勒图牛录贡貂牲丁职名册 113

 正白旗毕拉尔德木清额牛录贡貂牲丁职名册 117

 正红旗鄂伦春托精阿牛录贡貂牲丁职名册 126

 镶白旗鄂伦春和寿牛录贡貂牲丁职名册 128

 正蓝旗鄂伦春巴尼遴扎布牛录贡貂牲丁职名册 136

【贡貂牲丁职名册】（光绪六年六月二十九日） ... 143

【镶黄旗鄂伦春】爱图山牛录贡貂牲丁职名册 ... 153

【镶黄旗鄂伦春】吉隆阿牛录贡貂牲丁职名册 ... 165

正白旗毕拉尔布喇特琛牛录贡貂牲丁职名册 ... 170

正白旗毕拉尔德木清额牛录贡貂牲丁职名册 ... 175

正红旗鄂伦春托精阿牛录贡貂牲丁职名册 ... 184

镶白旗鄂伦春和寿牛录贡貂牲丁职名册 ... 187

正蓝旗鄂伦春巴尼遵扎布牛录贡貂牲丁职名册 ... 196

管理布特哈索伦达呼尔等处地方副都统衔总管诺穆德勒赫尔等为呈报食饷摩凌阿鄂伦春贡貂牲丁旗佐职名册致黑龙江将军（光绪十一年六月十九日） ... 203

正红旗都隆阿牛录贡貂牲丁职名册 ... 203

正红旗托精阿牛录贡貂牲丁职名册 ... 206

正红旗德迷善牛录贡貂牲丁职名册 ... 208

镶白旗和寿牛录贡貂牲丁职名册 ... 209

镶红旗正常牛录贡貂牲丁职名册 ... 211

正蓝旗巴尼遵扎布牛录贡貂牲丁职名册 ... 213

管理布特哈索伦达呼尔等处地方副都统衔总管诺穆德勒赫尔等为呈报索伦达呼尔贡貂牲丁旗佐职名册致黑龙江将军（光绪十一年六月十九日） ... 219

镶黄旗贲吉善牛录贡貂牲丁职名册 ... 219

镶黄旗保元牛录贡貂牲丁职名册 ... 223

镶黄旗音登托克托牛录贡貂牲丁职名册 ... 229

镶黄旗德勒顺牛录贡貂牲丁职名册 ... 233

镶黄旗布空阿牛录贡貂牲丁职名册 ... 237

镶黄旗成明牛录贡貂牲丁职名册 ... 242

镶黄旗拉新吐牛录贡貂牲丁职名册 ... 246

镶黄旗莫墨和济牛录贡貂牲丁职名册 ... 247

镶黄旗奇普松武牛录贡貂牲丁职名册 ... 251

镶黄旗常云牛录贡貂牲丁职名册 ... 255

镶黄旗讷恩登额牛录贡貂牲丁职名册 ... 259

镶黄旗巴凌阿牛录贡貂牲丁职名册 ... 260

正黄旗萨彬吐牛录贡貂牲丁职名册 ... 262

正黄旗奇石巴牛录贡貂牲丁职名册 ... 269

正黄旗兴福牛录贡貂牲丁职名册 ... 277

正黄旗瑞庆牛录贡貂牲丁职名册 ... 282

正黄旗同克牛录贡貂牲丁职名册 ... 292

正黄旗乌克都喜牛录贡貂牲丁职名册 ... 296

正黄旗黑狗牛录贡貂牲丁职名册   301

正黄旗乌勒兴阿牛录贡貂牲丁职名册   306

正黄旗常云阿牛录贡貂牲丁职名册   309

正黄旗三布牛录贡貂牲丁职名册   313

正黄旗托普升额牛录贡貂牲丁职名册   317

正黄旗倭克精阿牛录贡貂牲丁职名册   323

正黄旗西朗阿牛录贡貂牲丁职名册   325

正黄旗业普春牛录贡貂牲丁职名册   329

正黄旗兴亮牛录贡貂牲丁职名册   335

正黄旗海忠牛录贡貂牲丁职名册   342

正黄旗英新保牛录贡貂牲丁职名册   347

正黄旗奇狗牛录贡貂牲丁职名册   351

正黄旗里兴额牛录贡貂牲丁职名册   354

正白旗明凌牛录贡貂牲丁职名册   360

正白旗萨勒扎玛牛录贡貂牲丁职名册   364

正白旗吉林牛录贡貂牲丁职名册   371

正白旗赛清阿牛录贡貂牲丁职名册   376

正白旗克西克吐牛录贡貂牲丁职名册   382

正白旗奇普兴武牛录贡貂牲丁职名册   385

正白旗德依丰阿牛录贡貂牲丁职名册   389

正白旗富常牛录贡貂牲丁职名册   391

正白旗洪泰牛录贡貂牲丁职名册   394

正白旗松寿牛录贡貂牲丁职名册   395

正白旗清明阿牛录贡貂牲丁职名册   399

正白旗精保牛录贡貂牲丁职名册   402

正白旗崇凌牛录贡貂牲丁职名册   407

正白旗双林牛录贡貂牲丁职名册   410

正白旗精通阿牛录贡貂牲丁职名册   416

正白旗英常牛录贡貂牲丁职名册   419

正白旗常福牛录贡貂牲丁职名册   426

正红旗兴福牛录贡貂牲丁职名册   429

正红旗文普牛录贡貂牲丁职名册   431

正红旗凌福牛录贡貂牲丁职名册   432

正红旗明福牛录贡貂牲丁职名册   434

正红旗穆苏孟库牛录贡貂牲丁职名册   436

正红旗岱通阿牛录贡貂牲丁职名册 440

正红旗英隆阿牛录贡貂牲丁职名册 441

正红旗托萨吐牛录贡貂牲丁职名册 443

正红旗精德牛录贡貂牲丁职名册 445

正红旗察隆阿牛录贡貂牲丁职名册 448

正红旗穆通额牛录贡貂牲丁职名册 451

正红旗忠保牛录贡貂牲丁职名册 457

正红旗双凌牛录贡貂牲丁职名册 460

正红旗买通阿牛录贡貂牲丁职名册 463

正红旗贲精额牛录贡貂牲丁职名册 464

正红旗恩特兴阿牛录贡貂牲丁职名册 467

正红旗舒明阿牛录贡貂牲丁职名册 469

镶白旗和山牛录贡貂牲丁职名册 472

镶白旗兴常牛录贡貂牲丁职名册 477

镶白旗定禄牛录贡貂牲丁职名册 479

镶白旗爱新多尔济牛录贡貂牲丁职名册 481

镶白旗凌丰阿牛录贡貂牲丁职名册 484

镶白旗明德牛录贡貂牲丁职名册 485

镶红旗诺钦吉尔嘎儿牛录贡貂牲丁职名册 489

镶红旗德全牛录贡貂牲丁职名册 490

镶红旗扎斯洪阿牛录贡貂牲丁职名册 491

镶红旗蒙库巴雅尔牛录贡貂牲丁职名册 492

镶红旗莫诺惠牛录贡貂牲丁职名册 493

镶红旗狼狗牛录贡貂牲丁职名册 494

镶红旗多们扎普牛录贡貂牲丁职名册 495

正蓝旗卧尔托吉尔嘎儿牛录贡貂牲丁职名册 497

正蓝旗明兴阿牛录贡貂牲丁职名册 499

正蓝旗吉隆阿牛录贡貂牲丁职名册 501

镶蓝旗富全牛录贡貂牲丁职名册 503

镶蓝旗舒敏牛录贡貂牲丁职名册 505

镶蓝旗西拉布牛录贡貂牲丁职名册 507

镶蓝旗富明牛录贡貂牲丁职名册 509

镶蓝旗那新吉尔噶儿牛录贡貂牲丁职名册 511

正红旗都隆阿牛录贡貂牲丁职名册（汉文） 515

正红旗托精阿牛录贡貂牲丁职名册（汉文） 518

正红旗德迷善牛录贡貂牲丁职名册（汉文）   520

镶白旗和寿牛录贡貂牲丁职名册（汉文）   521

镶红旗正常牛录贡貂牲丁职名册（汉文）   523

正蓝旗巴尼音扎普牛录贡貂牲丁职名册（汉文）   525

镶黄旗贲吉善牛录贡貂牲丁职名册（汉文）   529

镶黄旗保元牛录贡貂牲丁职名册（汉文）   533

镶黄旗音登托克托牛录贡貂牲丁职名册（汉文）   539

镶黄旗德勒顺牛录贡貂牲丁职名册（汉文）   543

镶黄旗布空阿牛录贡貂牲丁职名册（汉文）   547

镶黄旗成明牛录贡貂牲丁职名册（汉文）   552

镶黄旗拉新吐牛录贡貂牲丁职名册（汉文）   556

镶黄旗莫墨和济牛录贡貂牲丁职名册（汉文）   557

镶黄旗奇普松武牛录贡貂牲丁职名册（汉文）   561

镶黄旗常云牛录贡貂牲丁职名册（汉文）   565

镶黄旗讷恩登额牛录贡貂牲丁职名册（汉文）   569

镶黄旗巴凌阿牛录贡貂牲丁职名册（汉文）   570

正黄旗萨彬吐牛录贡貂牲丁职名册（汉文）   572

正黄旗奇石巴牛录贡貂牲丁职名册（汉文）   579

正黄旗兴福牛录贡貂牲丁职名册（汉文）   587

正黄旗瑞庆牛录贡貂牲丁职名册（汉文）   592

正黄旗同克牛录贡貂职名册（汉文）   602

正黄旗乌克都喜牛录贡貂牲丁职名册（汉文）   606

正黄旗黑狗牛录贡貂牲丁职名册（汉文）   611

正黄旗乌勒兴阿牛录贡貂牲丁职名册（汉文）   616

正黄旗常云阿牛录贡貂牲丁职名册（汉文）   619

正黄旗三布牛录贡貂牲丁职名册（汉文）   623

正黄旗托普升额牛录贡貂牲丁职名册（汉文）   627

正黄旗倭克精阿牛录贡貂牲丁职名册（汉文）   633

正黄旗西朗阿牛录贡貂牲丁职名册（汉文）   635

正黄旗业普春牛录贡貂牲丁职名册（汉文）   637

正黄旗兴亮牛录贡貂牲丁职名册（汉文）   643

正黄旗海忠牛录贡貂牲丁职名册（汉文）   648

正黄旗英新保牛录贡貂牲丁职名册（汉文）   655

正黄旗奇狗牛录贡貂牲丁职名册（汉文）   659

正黄旗里兴额牛录贡貂牲丁职名册（汉文）   662

正白旗明凌牛录贡貂牲丁职名册（汉文）   668

正白旗萨勒扎玛牛录贡貂牲丁职名册（汉文）   672

正白旗吉林牛录贡貂牲丁职名册（汉文）   679

正白旗赛清阿牛录贡貂牲丁职名册（汉文）   684

正白旗克西克吐牛录贡貂牲丁职名册（汉文）   690

正白旗奇普兴武牛录贡貂牲丁职名册（汉文）   693

正白旗德依丰阿牛录贡貂牲丁职名册（汉文）   697

正白旗富常牛录贡貂牲丁职名册（汉文）   699

正白旗洪泰牛录贡貂牲丁职名册（汉文）   702

正白旗松寿牛录贡貂牲丁职名册（汉文）   703

正白旗清明阿牛录贡貂牲丁职名册（汉文）   707

正白旗精保牛录贡貂牲丁职名册（汉文）   710

正白旗崇凌牛录贡貂牲丁职名册（汉文）   715

正白旗双林牛录贡貂牲丁职名册（汉文）   718

正白旗精通阿牛录贡貂牲丁职名册（汉文）   724

正白旗英常牛录贡貂牲丁职名册（汉文）   729

正白旗常福牛录贡貂牲丁职名册（汉文）   736

正红旗兴福牛录贡貂牲丁职名册（汉文）   739

正红旗文普牛录贡貂牲丁职名册（汉文）   741

正红旗凌福牛录贡貂牲丁职名册（汉文）   742

正红旗明福牛录贡貂牲丁职名册（汉文）   744

正红旗穆苏孟库牛录贡貂牲丁职名册（汉文）   746

正红旗岱通阿牛录贡貂牲丁职名册（汉文）   750

正红旗英隆阿牛录贡貂牲丁职名册（汉文）   751

正红旗托萨吐牛录贡貂牲丁职名册（汉文）   753

正红旗精德牛录贡貂牲丁职名册（汉文）   755

正红旗察隆阿牛录贡貂牲丁职名册（汉文）   758

正红旗穆通额牛录贡貂牲丁职名册（汉文）   761

正红旗忠保牛录贡貂牲丁职名册（汉文）   767

正红旗双凌牛录贡貂牲丁职名册（汉文）   770

正红旗买通阿牛录贡貂牲丁职名册（汉文）   773

正红旗赍精阿（额）牛录贡貂牲丁职名册（汉文）   774

正红旗恩特兴阿牛录贡貂牲丁职名册（汉文）   777

正红旗舒明阿牛录贡貂牲丁职名册（汉文）   779

镶白旗和山牛录贡貂牲丁职名册（汉文）   782

镶白旗兴常牛录贡貂牲丁职名册（汉文）　　787

镶白旗定禄牛录贡貂牲丁职名册（汉文）　　789

镶白旗爱新多尔济牛录贡貂牲丁职名册（汉文）　　791

镶白旗凌丰阿牛录贡貂牲丁职名册（汉文）　　794

镶白旗明德牛录贡貂牲丁职名册（汉文）　　795

镶红旗诺钦吉尔嘎儿牛录贡貂牲丁职名册（汉文）　　799

镶红旗德全牛录贡貂牲丁职名册（汉文）　　800

镶红旗扎斯洪阿牛录贡貂牲丁职名册（汉文）　　801

镶红旗蒙库巴雅尔牛录贡貂牲丁职名册（汉文）　　802

镶红旗莫诺惠牛录贡貂牲丁职名册（汉文）　　803

镶红旗狼狗牛录贡貂牲丁职名册（汉文）　　804

镶红旗多们扎普牛录贡貂牲丁职名册（汉文）　　805

正蓝旗卧尔托吉尔嘎儿牛录贡貂牲丁职名册（汉文）　　807

正蓝旗明兴阿牛录贡貂牲丁职名册（汉文）　　809

正蓝旗吉隆阿牛录贡貂牲丁职名册（汉文）　　811

镶蓝旗富全牛录贡貂牲丁职名册（汉文）　　813

镶蓝旗舒敏牛录贡貂牲丁职名册（汉文）　　815

镶蓝旗西拉布牛录贡貂牲丁职名册（汉文）　　817

镶蓝旗富明牛录贡貂牲丁职名册（汉文）　　819

镶蓝旗那新吉尔噶儿牛录牲丁职名册（汉文）　　821

【贡貂牲丁职名册】（光绪十一年七月十三日）　　825

【镶黄旗】二牛录贡貂牲丁职名册　　829

正黄旗头牛录、二牛录贡貂牲丁职名册　　836

正白旗头牛录、二牛录贡貂牲丁职名册　　852

正红旗头牛录、二牛录贡貂牲丁职名册　　867

镶白旗头牛录、二牛录贡貂牲丁职名册　　882

镶红旗头牛录、二牛录贡貂牲丁职名册　　897

正蓝旗头牛录、二牛录贡貂牲丁职名册　　912

镶蓝旗头牛录、二牛录贡貂牲丁职名册　　927

【镶黄旗】二牛录贡貂牲丁职名册（汉文）　　945

正黄旗头牛录、二牛录贡貂牲丁职名册（汉文）　　948

正白旗头牛录、二牛录贡貂牲丁职名册（汉文）　　963

正红旗头牛录、二牛录贡貂牲丁职名册（汉文）　　978

镶白旗头牛录、二牛录贡貂牲丁职名册（汉文）　　993

镶红旗头牛录、二牛录贡貂牲丁职名册（汉文）　　1008

正蓝旗头牛录、二牛录贡貂牲丁职名册（汉文）　　　　　　　　1023

镶蓝旗头牛录、二牛录贡貂牲丁职名册（汉文）　　　　　　　　1037

兴安城署理鄂伦春总管协领凌善为呈报鄂伦春八旗官兵旗佐职名贡貂数致黑龙江将军（光绪十二年五月二十八日）　　　　　　　　1053

镶黄旗头牛录、二牛录牲丁职名贡貂数目册　　　　　　　　1053

正黄旗头牛录、二牛录牲丁职名贡貂数目册　　　　　　　　1069

正白旗头牛录、二牛录牲丁职名贡貂数目册　　　　　　　　1085

正红旗头牛录、二牛录牲丁职名贡貂数目册　　　　　　　　1100

【镶白旗】头牛录、二牛录牲丁职名贡貂数目册　　　　　　　　1115

镶红旗头牛录、二牛录牲丁职名贡貂数目册　　　　　　　　1131

正蓝旗头牛录、二牛录牲丁职名贡貂数目册　　　　　　　　1147

镶蓝旗头牛录、二牛录牲丁职名贡貂数目册　　　　　　　　1162

镶黄旗头牛录、二牛录牲丁职名贡貂数目册（汉文）　　　　　　　　1181

正黄旗头牛录、二牛录牲丁职名贡貂数目册（汉文）　　　　　　　　1191

正白旗头牛录、二牛录牲丁职名贡貂数目册（汉文）　　　　　　　　1206

正红旗头牛录、二牛录牲丁职名贡貂数目册（汉文）　　　　　　　　1221

【镶白旗】头牛录、二牛录牲丁职名贡貂数目册（汉文）　　　　　　　　1236

镶红旗头牛录、二牛录牲丁职名贡貂数目册（汉文）　　　　　　　　1251

正蓝旗头牛录、二牛录牲丁职名贡貂数目册（汉文）　　　　　　　　1267

镶蓝旗头牛录、二牛录牲丁职名贡貂数目册（汉文）　　　　　　　　1282

【索伦达呼尔贡貂牲丁职名册】（光绪十二年七月初六日）　　　　　　　　1299

【镶黄旗】贲吉善牛录贡貂牲丁职名册　　　　　　　　1299

【镶黄旗】保元牛录贡貂牲丁职名册　　　　　　　　1302

【镶黄旗】音登托克托牛录贡貂牲丁职名册　　　　　　　　1309

【镶黄旗】德勒顺牛录贡貂牲丁职名册　　　　　　　　1313

【镶黄旗】布空阿牛录贡貂牲丁职名册　　　　　　　　1317

【镶黄旗】成明牛录贡貂牲丁职名册　　　　　　　　1322

【镶黄旗】拉西勒图牛录贡貂牲丁职名册　　　　　　　　1325

【镶黄旗】巴遴牛录贡貂牲丁职名册　　　　　　　　1327

【镶黄旗】奇普松武牛录贡貂牲丁职名册　　　　　　　　1331

【镶黄旗】常云牛录贡貂牲丁职名册　　　　　　　　1335

【镶黄旗】讷恩登额牛录贡貂牲丁职名册　　　　　　　　1339

【镶黄旗】巴凌阿牛录贡貂牲丁职名册　　　　　　　　1341

正黄旗萨彬吐牛录贡貂牲丁职名册　　　　　　　　1343

正黄旗奇石巴牛录贡貂牲丁职名册　　　　　　　　1349

正黄旗兴福牛录贡貂牲丁职名册 1357

正黄旗同克牛录贡貂牲丁职名册 1363

正黄旗瑞庆牛录贡貂牲丁职名册 1373

正黄旗乌克都喜牛录贡貂牲丁职名册 1377

正黄旗黑狗牛录贡貂牲丁职名册 1382

正黄旗乌勒兴阿牛录贡貂牲丁职名册 1387

正黄旗常云阿牛录贡貂牲丁职名册 1391

正黄旗三布牛录贡貂牲丁职名册 1394

正黄旗托普升额牛录贡貂牲丁职名册 1399

正黄旗倭克精阿牛录贡貂牲丁职名册 1405

正黄旗德清阿牛录贡貂牲丁职名册 1407

正黄旗业普春牛录贡貂牲丁职名册 1409

正黄旗硕通阿牛录贡貂牲丁职名册 1415

正黄旗海忠牛录贡貂牲丁职名册 1422

正黄旗英新保牛录贡貂牲丁职名册 1427

正黄旗奇狗牛录贡貂牲丁职名册 1431

正黄旗里兴额牛录贡貂牲丁职名册 1434

正白旗明凌牛录贡貂牲丁职名册 1441

正白旗萨勒扎玛牛录贡貂牲丁职名册 1445

正白旗图明额牛录贡貂牲丁职名册 1451

正白旗赛清阿牛录贡貂牲丁职名册 1457

正白旗扎拉汾牛录贡貂牲丁职名册 1464

正白旗奇普兴武牛录贡貂牲丁职名册 1466

正白旗德依丰阿牛录贡貂牲丁职名册 1470

正白旗富常牛录贡貂牲丁职名册 1472

正白旗洪泰牛录贡貂牲丁职名册 1475

正白旗松寿牛录贡貂牲丁职名册 1477

正白旗清明阿牛录贡貂牲丁职名册 1480

正白旗精保牛录贡貂牲丁职名册 1483

正白旗崇凌牛录贡貂牲丁职名册 1489

正白旗双林牛录贡貂牲丁职名册 1491

正白旗精通阿牛录贡貂牲丁职名册 1497

正白旗英常牛录贡貂牲丁职名册 1503

正白旗常福牛录贡貂牲丁职名册 1510

正红旗兴福牛录贡貂牲丁职名册 1513

正红旗文普牛录贡貂牲丁职名册　　　　　　　1515

正红旗凌福牛录贡貂牲丁职名册　　　　　　　1516

正红旗明福牛录贡貂牲丁职名册　　　　　　　1518

正红旗穆苏孟库牛录贡貂牲丁职名册　　　　　1520

正红旗岱通阿牛录贡貂牲丁职名册　　　　　　1524

正红旗英隆阿牛录贡貂牲丁职名册　　　　　　1525

正红旗扎萨图牛录贡貂牲丁职名册　　　　　　1527

正红旗兴庸牛录贡貂牲丁职名册　　　　　　　1529

正红旗察隆阿牛录贡貂牲丁职名册　　　　　　1532

正红旗穆通额牛录贡貂牲丁职名册　　　　　　1535

正红旗班扎尔达西牛录贡貂牲丁职名册　　　　1541

正红旗双凌牛录贡貂牲丁职名册　　　　　　　1544

正红旗穆克德春牛录贡貂牲丁职名册　　　　　1546

正红旗贵精额牛录贡貂牲丁职名册　　　　　　1547

正红旗恩特兴阿牛录贡貂牲丁职名册　　　　　1550

正红旗舒明阿牛录贡貂牲丁职名册　　　　　　1553

镶白旗和山牛录贡貂牲丁职名册　　　　　　　1556

镶白旗兴常牛录贡貂牲丁职名册　　　　　　　1560

镶白旗定禄牛录贡貂牲丁职名册　　　　　　　1563

镶白旗爱新多尔济牛录贡貂牲丁职名册　　　　1565

镶白旗凌丰阿牛录贡貂牲丁职名册　　　　　　1567

镶白旗明德牛录贡貂牲丁职名册　　　　　　　1569

镶红旗诺钦吉尔嘎儿牛录贡貂牲丁职名册　　　1572

镶红旗德全牛录贡貂牲丁职名册　　　　　　　1574

镶红旗扎斯洪阿牛录贡貂牲丁职名册　　　　　1575

镶红旗蒙库巴雅尔牛录贡貂牲丁职名册　　　　1576

镶红旗莫诺惠牛录贡貂牲丁职名册　　　　　　1577

镶红旗狼狗牛录贡貂牲丁职名册　　　　　　　1578

镶红旗多们扎普牛录贡貂牲丁职名册　　　　　1579

正蓝旗卧尔托吉尔嘎儿牛录贡貂牲丁职名册　　1581

正蓝旗明兴阿牛录贡貂牲丁职名册　　　　　　1583

正蓝旗吉隆阿牛录贡貂牲丁职名册　　　　　　1585

镶蓝旗福春牛录贡貂牲丁职名册　　　　　　　1587

镶蓝旗舒敏牛录贡貂牲丁职名册　　　　　　　1588

镶蓝旗西拉布牛录贡貂牲丁职名册　　　　　　1590

镶蓝旗富明牛录贡貂牲丁职名册 　1592

镶蓝旗那新吉尔噶儿牛录贡貂牲丁职名册 　1595

管理布特哈索伦达呼尔等处地方副都统衔总管诺穆德勒赫尔等为呈报食饷摩凌阿鄂伦春贡貂牲丁旗佐职名册致黑龙江将军（光绪十二年七月初六日） 　1599

正红旗都隆阿牛录贡貂牲丁职名册 　1599

正红旗托精阿牛录贡貂牲丁职名册 　1601

正红旗德迷善牛录贡貂牲丁职名册 　1603

镶白旗和寿牛录贡貂牲丁职名册 　1605

镶红旗正常牛录贡貂牲丁职名册 　1607

正蓝旗巴尼遴扎布牛录贡貂牲丁职名册 　1609

兴安城副都统衔总管乌尔滚巴雅尔为呈报鄂伦春八旗官兵旗佐职名及贡貂数目册致黑龙江将军（光绪十三年） 　1615

镶黄旗头牛录、二牛录贡貂牲丁职名册 　1615

正黄旗头牛录、二牛录贡貂牲丁职名册 　1630

□□旗贡貂牲丁职名册 　1651

正白旗头牛录、二牛录贡貂牲丁职名册 　1655

正红旗头牛录、二牛录贡貂牲丁职名册 　1670

【兴安城副都统衔总管乌尔滚巴雅尔为呈报鄂伦春八旗官兵旗佐职名及贡貂数目册致黑龙江将军（光绪十七年六月初一日）】 　1685

【镶黄旗头牛录、】二牛录牲丁职名贡貂数目册 　1685

正黄旗头牛录、二牛录牲丁职名贡貂数目册 　1698

正白旗头牛录、二牛录牲丁职名贡貂数目册 　1713

正红旗头牛录、二牛录牲丁职名贡貂数目册 　1728

镶白旗头牛录、二牛录牲丁职名贡貂数目册 　1743

镶红旗头牛录、二牛录牲丁职名贡貂数目册 　1757

正蓝旗头牛录、二牛录牲丁职名贡貂数目册 　1773

镶蓝旗头牛录、二牛录牲丁职名贡貂数目册 　1787

镶黄旗头牛录、二牛录牲丁职名贡貂数目册（汉文） 　1806

正黄旗头牛录、二牛录牲丁职名贡貂数目册（汉文） 　1820

正白旗头牛录、二牛录牲丁职名贡貂数目册（汉文） 　1836

正红旗头牛录、二牛录牲丁职名贡貂数目册（汉文） 　1850

镶白旗头牛录、二牛录牲丁职名贡貂数目册（汉文） 　1864

镶红旗头牛录、二牛录牲丁职名贡貂数目册（汉文） 　1879

正蓝旗头牛录、二牛录牲丁职名贡貂数目册（汉文） 　1894

镶蓝旗头牛录、二牛录牲丁职名贡貂数目册（汉文） 　1908

兴安城副都统衔总管乌尔滚巴雅尔为呈报鄂伦春八旗官兵旗佐职名及贡貂数目 册致黑龙江将军（光绪十八年六月初三日） 1927

镶黄旗头牛录、二牛录牲丁职名贡貂数目册 1927

正黄旗头牛录、二牛录牲丁职名贡貂数目册 1941

正白旗头牛录、二牛录牲丁职名贡貂数目册 1953

正红旗头牛录、二牛录牲丁职名贡貂数目册 1966

镶白旗头牛录、二牛录牲丁职名贡貂数目册 1979

镶红旗头牛录、二牛录牲丁职名贡貂数目册 1993

正蓝旗头牛录、二牛录牲丁职名贡貂数目册 2008

镶蓝旗头牛录、二牛录牲丁职名贡貂数目册 2020

镶黄旗头牛录、二牛录牲丁职名贡貂数目册（汉文） 2038

正黄旗头牛录、二牛录牲丁职名贡貂数目册（汉文） 2051

正白旗头牛录、二牛录牲丁职名贡貂数目册（汉文） 2063

正红旗头牛录、二牛录牲丁职名贡貂数目册（汉文） 2075

镶白旗头牛录、二牛录牲丁职名贡貂数目册（汉文） 2088

镶红旗头牛录、二牛录牲丁职名贡貂数目册（汉文） 2101

正蓝旗头牛录、二牛录牲丁职名贡貂数目册（汉文） 2116

镶蓝旗头牛录、二牛录牲丁职名贡貂数目册（汉文） 2128

管理布特哈索伦达呼尔等处地方副都统衔总管福尔苏穆布等为呈报食饷摩凌阿 鄂伦春贡貂牲丁旗佐职名册致黑龙江将军（光绪十八年六月二十五日） 2145

正红旗都隆阿牛录贡貂牲丁职名册 2145

正红旗乌尔滚济尔噶勒牛录贡貂牲丁职名册 2147

正红旗德迷善牛录贡貂牲丁职名册 2149

镶白旗和寿牛录贡貂牲丁职名册 2150

镶红旗正常牛录贡貂牲丁职名册 2152

正蓝旗巴尼遜扎布牛录贡貂牲丁职名册 2154

管理布特哈索伦达呼尔等处地方副都统衔总管福尔苏穆布等为呈报索伦达呼尔 贡貂牲丁旗佐职名册致黑龙江将军（光绪十八年六月二十五日） 2159

镶黄旗福清阿牛录牲丁职名册 2159

镶黄旗保元牛录牲丁职名册 2162

镶黄旗音登托克托牛录牲丁职名册 2167

镶黄旗德兴阿牛录牲丁职名册 2170

镶黄旗布空阿牛录牲丁职名册 2173

镶黄旗成明牛录牲丁职名册 2177

镶黄旗英福牛录牲丁职名册 2179

镶黄旗福聂松阿牛录牲丁职名册 2181

XII

镶黄旗庄清牛录牲丁职名册 2185

镶黄旗常云牛录牲丁职名册 2187

镶黄旗讷恩登额牛录牲丁职名册 2191

镶黄旗伯庆牛录牲丁职名册 2192

正黄旗萨彬吐牛录牲丁职名册 2194

正黄旗奇石巴牛录牲丁职名册 2199

正黄旗里兴额牛录牲丁职名册 2206

正黄旗同克牛录牲丁职名册 2211

正黄旗倭克精阿牛录牲丁职名册 2219

正黄旗正通牛录牲丁职名册 2223

正黄旗黑狗牛录牲丁职名册 2227

正黄旗德清阿牛录牲丁职名册 2231

正黄旗沃赫勒图牛录牲丁职名册 2235

正黄旗三布牛录牲丁职名册 2238

正黄旗托普升额牛录牲丁职名册 2242

正黄旗库禄山牛录牲丁职名册 2246

正黄旗霍洛山牛录牲丁职名册 2249

正黄旗扎俸阿牛录牲丁职名册 2251

正黄旗硕通阿牛录牲丁职名册 2256

正黄旗赫色布牛录牲丁职名册 2262

正黄旗温忠牛录牲丁职名册 2266

正黄旗囊海牛录牲丁职名册 2270

正黄旗布库波勒多牛录牲丁职名册 2274

正白旗明凌牛录牲丁职名册 2279

正白旗萨勒扎玛牛录牲丁职名册 2283

正白旗凌托牛录牲丁职名册 2288

正白旗赛清阿牛录牲丁职名册 2293

正白旗扎拉汾牛录牲丁职名册 2298

正白旗成德牛录牲丁职名册 2300

正白旗德依丰阿牛录牲丁职名册 2303

正白旗富常牛录牲丁职名册 2305

正白旗洪泰牛录牲丁职名册 2307

正白旗松寿牛录牲丁职名册 2309

正白旗托布清德牛录牲丁职名册 2312

正白旗精保牛录牲丁职名册 2315

正白旗济勒特牛录牲丁职名册 2320

正白旗双林牛录牲丁职名册 2321

正白旗双德牛录牲丁职名册 2326

正白旗英常牛录牲丁职名册 2332

正白旗常福牛录牲丁职名册 2337

正红旗兴福牛录牲丁职名册 2340

正红旗勒海牛录牲丁职名册 2341

正红旗郭顺牛录牲丁职名册 2343

正红旗明福牛录牲丁职名册 2344

正红旗都明牛录牲丁职名册 2346

正红旗岱通阿牛录牲丁职名册 2348

正红旗英隆阿牛录牲丁职名册 2350

正红旗扎萨图牛录牲丁职名册 2351

正红旗兴庸牛录牲丁职名册 2353

正红旗察隆阿牛录牲丁职名册 2355

正红旗穆通额牛录牲丁职名册 2357

正红旗班扎尔达西牛录牲丁职名册 2363

正红旗星德牛录牲丁职名册 2366

正红旗德海牛录牲丁职名册 2367

正红旗贲精额牛录牲丁职名册 2369

正红旗铁郭牛录牲丁职名册 2372

正红旗星清阿牛录牲丁职名册 2374

镶白旗和山牛录牲丁职名册 2377

镶白旗兴常牛录牲丁职名册 2381

镶白旗定禄牛录牲丁职名册 2382

镶白旗爱新多尔济牛录牲丁职名册 2384

镶白旗昌清牛录牲丁职名册 2386

镶白旗明德牛录牲丁职名册 2387

镶红旗诺钦吉尔嘎儿牛录牲丁职名册 2391

镶红旗德全牛录牲丁职名册 2392

镶红旗扎斯洪阿牛录牲丁职名册 2393

镶红旗蒙库巴雅尔牛录牲丁职名册 2394

镶红旗莫诺惠牛录牲丁职名册 2395

镶红旗狼狗牛录牲丁职名册 2396

镶红旗多们扎普牛录牲丁职名册 2397

XIV

正蓝旗卧尔托吉尔嘎儿牛录牲丁职名册   2398

正蓝旗明兴阿牛录牲丁职名册   2400

正蓝旗吉隆阿牛录牲丁职名册   2402

镶蓝旗硕尔吉山牛录牲丁职名册   2403

镶蓝旗舒敏牛录牲丁职名册   2404

镶蓝旗西拉布牛录牲丁职名册   2406

镶蓝旗富明牛录牲丁职名册   2408

镶蓝旗那新吉尔噶儿牛录牲丁职名册   2410

布特哈总管为呈报进纳貂皮牲丁皮张数目及设兴安城撤出鄂伦春牲丁数目事致黑龙江将军（光绪二十年五月初二日）   2415

布特哈地方贡貂牲丁数目册（光绪二十年六月十四日）   2435

布特哈镶黄旗贡貂牲丁数目册   2435

布特哈正黄旗贡貂牲丁数目册   2441

布特哈正白旗贡貂牲丁数目册   2450

布特哈正红旗贡貂牲丁数目册   2459

布特哈镶白旗贡貂牲丁数目册   2467

布特哈镶红旗贡貂牲丁数目册   2469

布特哈正蓝旗贡貂牲丁数目册   2472

布特哈镶蓝旗贡貂牲丁数目册   2474

署理兴安城鄂伦春官兵副都统衔总管关防事务协领宜铿额为呈报贡貂鄂伦春八旗官兵旗佐职名貂皮数致黑龙江将军（光绪二十年六月二十日）   2481

镶黄旗头牛录、二牛录牲丁职名贡貂数目册   2481

正黄旗头牛录、二牛录牲丁职名贡貂数目册   2495

正白旗头牛录、二牛录牲丁职名贡貂数目册   2507

正红旗头牛录、二牛录牲丁职名贡貂数目册   2519

镶白旗头牛录、二牛录牲丁职名贡貂数目册   2531

镶红旗头牛录、二牛录牲丁职名贡貂数目册   2545

正蓝旗头牛录、二牛录牲丁职名贡貂数目册   2560

镶蓝旗头牛录、二牛录牲丁职名贡貂数目册   2571

镶黄旗头牛录、二牛录牲丁职名贡貂数目册（汉文）   2590

正黄旗头牛录、二牛录牲丁职名贡貂数目册（汉文）   2603

正白旗头牛录、二牛录牲丁职名贡貂数目册（汉文）   2615

正红旗头牛录、二牛录牲丁职名贡貂数目册（汉文）   2627

镶白旗头牛录、二牛录牲丁职名贡貂数目册（汉文）   2639

镶红旗头牛录、二牛录牲丁职名贡貂数目册（汉文）   2652

正蓝旗头牛录、二牛录牲丁职名贡貂数目册（汉文）   2667

XVI

正白旗赛清阿牛录贡貂牲丁职名册 2837

正白旗扎拉汾牛录贡貂牲丁职名册 2842

正白旗成德牛录贡貂牲丁职名册 2844

正白旗德依丰阿牛录贡貂牲丁职名册 2848

正白旗富常牛录贡貂牲丁职名册 2850

正白旗洪泰牛录贡貂牲丁职名册 2852

正白旗凌清牛录贡貂牲丁职名册 2854

正白旗托布清德牛录贡貂牲丁职名册 2857

正白旗精保牛录贡貂牲丁职名册 2860

正白旗察隆阿牛录贡貂牲丁职名册 2865

正白旗双林牛录贡貂牲丁职名册 2867

正白旗双德牛录贡貂牲丁职名册 2873

正白旗英常牛录贡貂牲丁职名册 2878

正白旗常福牛录贡貂牲丁职名册 2885

正红旗景顺牛录贡貂牲丁职名册 2887

正红旗勒海牛录贡貂牲丁职名册 2889

正红旗郭顺牛录贡貂牲丁职名册 2891

正红旗明福牛录贡貂牲丁职名册 2892

正红旗都明牛录贡貂牲丁职名册 2894

正红旗岱通阿牛录贡貂牲丁职名册 2896

正红旗英隆阿牛录贡貂牲丁职名册 2898

正红旗扎萨图牛录贡貂牲丁职名册 2899

正红旗兴庸牛录贡貂牲丁职名册 2901

正红旗察隆阿牛录贡貂牲丁职名册 2903

正红旗穆通额牛录贡貂牲丁职名册 2906

正红旗班扎尔达西牛录贡貂牲丁职名册 2911

正红旗星德牛录贡貂牲丁职名册 2914

正红旗德海牛录贡貂牲丁职名册 2916

正红旗贲精额牛录贡貂牲丁职名册 2917

正红旗铁郭牛录贡貂牲丁职名册 2921

正红旗星清阿牛录贡貂牲丁职名册 2923

镶白旗和山牛录贡貂牲丁职名册 2926

镶白旗兴常牛录贡貂牲丁职名册 2929

镶白旗定禄牛录贡貂牲丁职名册 2931

镶白旗爱新多尔济牛录贡貂牲丁职名册 2933

镶白旗昌清牛录贡貂牲丁职名册 2935

镶白旗珠尔噶山牛录贡貂牲丁职名册 2936

镶红旗诺钦吉尔嘎儿牛录贡貂牲丁职名册 2940

镶红旗德全牛录贡貂牲丁职名册 2941

镶红旗扎斯洪阿牛录贡貂牲丁职名册 2942

镶红旗蒙库巴雅尔牛录贡貂牲丁职名册 2943

镶红旗呼图尔扎布牛录贡貂牲丁职名册 2944

镶红旗狼狗牛录贡貂牲丁职名册 2945

镶红旗多们扎普牛录贡貂牲丁职名册 2946

正蓝旗卧尔托吉尔嘎儿牛录贡貂牲丁职名册 2948

正蓝旗明兴阿牛录贡貂牲丁职名册 2950

正蓝旗吉隆阿牛录贡貂牲丁职名册 2951

镶蓝旗硕尔吉山牛录贡貂牲丁职名册 2952

镶蓝旗西木噶济尔嘎儿牛录贡貂牲丁职名册 2954

镶蓝旗西拉布牛录贡貂牲丁职名册 2955

镶蓝旗国瓦木布璋克西克牛录贡貂牲丁职名册 2957

镶蓝旗那新吉尔嘎儿牛录贡貂牲丁职名册 2959

布特哈副都统为报送摩凌阿鄂伦春贡貂牲丁旗佐职名册致黑龙江将军（光绪二十一年五月二十四日） 2963

正红旗都隆阿牛录贡貂牲丁职名册 2963

正红旗乌尔滚济尔嘎勒牛录贡貂牲丁职名册 2965

正红旗德迷善牛录贡貂牲丁职名册 2967

镶白旗和寿牛录贡貂牲丁职名册 2968

镶红旗正常牛录贡貂牲丁职名册 2970

正蓝旗巴尼邀扎布牛录贡貂牲丁职名册 2971

为报送毕拉尔路鄂伦春贡貂官兵旗佐职名册致黑龙江将军（光绪二十三年六月初八日） 2977

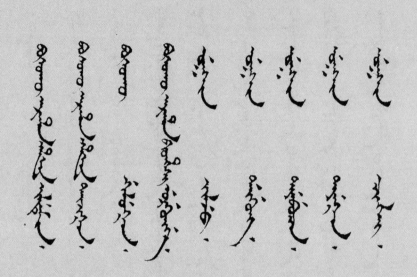

兴安城副都统衔总管乌尔滚巴雅尔为呈报鄂伦春八旗官兵旗佐职名及贡貂数目册致黑龙江将军（光绪十三年）

一六一七

清代黑龙江户口档案选编·鄂伦春索伦达呼尔贡貂牲丁册 光绪朝

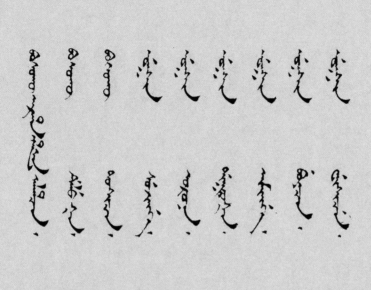

清代黑龙江户口档案选编·鄂伦春索伦达呼尔贡貂牲丁册 光绪朝

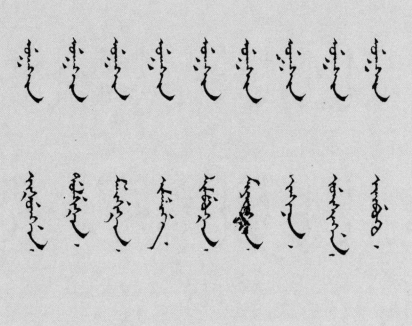

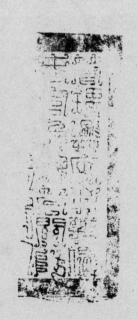

ᠪᠠᠶᠠᠷ ᠠᠮᠪᠠᠨ
ᠮᠠᠨᠵᡠ ᡝᠵᡝᠨ
ᠠᠮᠪᠠᠨ

ᠪᠠᠶᠠᠷ
ᠠᠮᠪᠠᠨ
ᠮᠠᠨᠵᡠ
ᡝᠵᡝᠨ

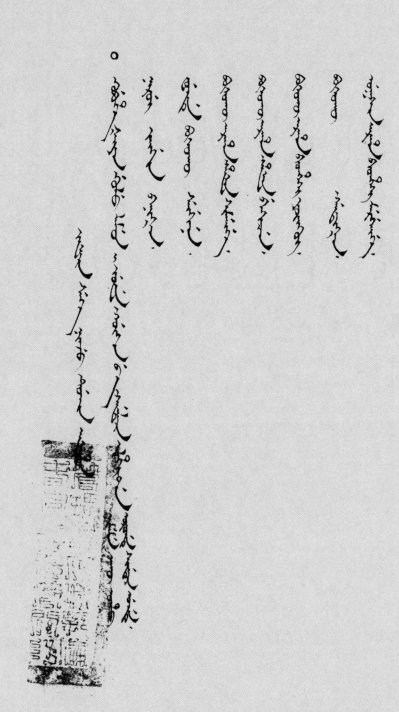

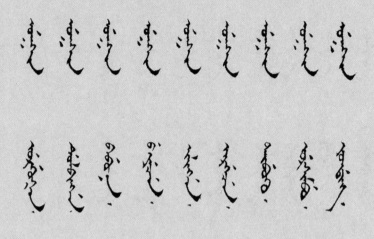

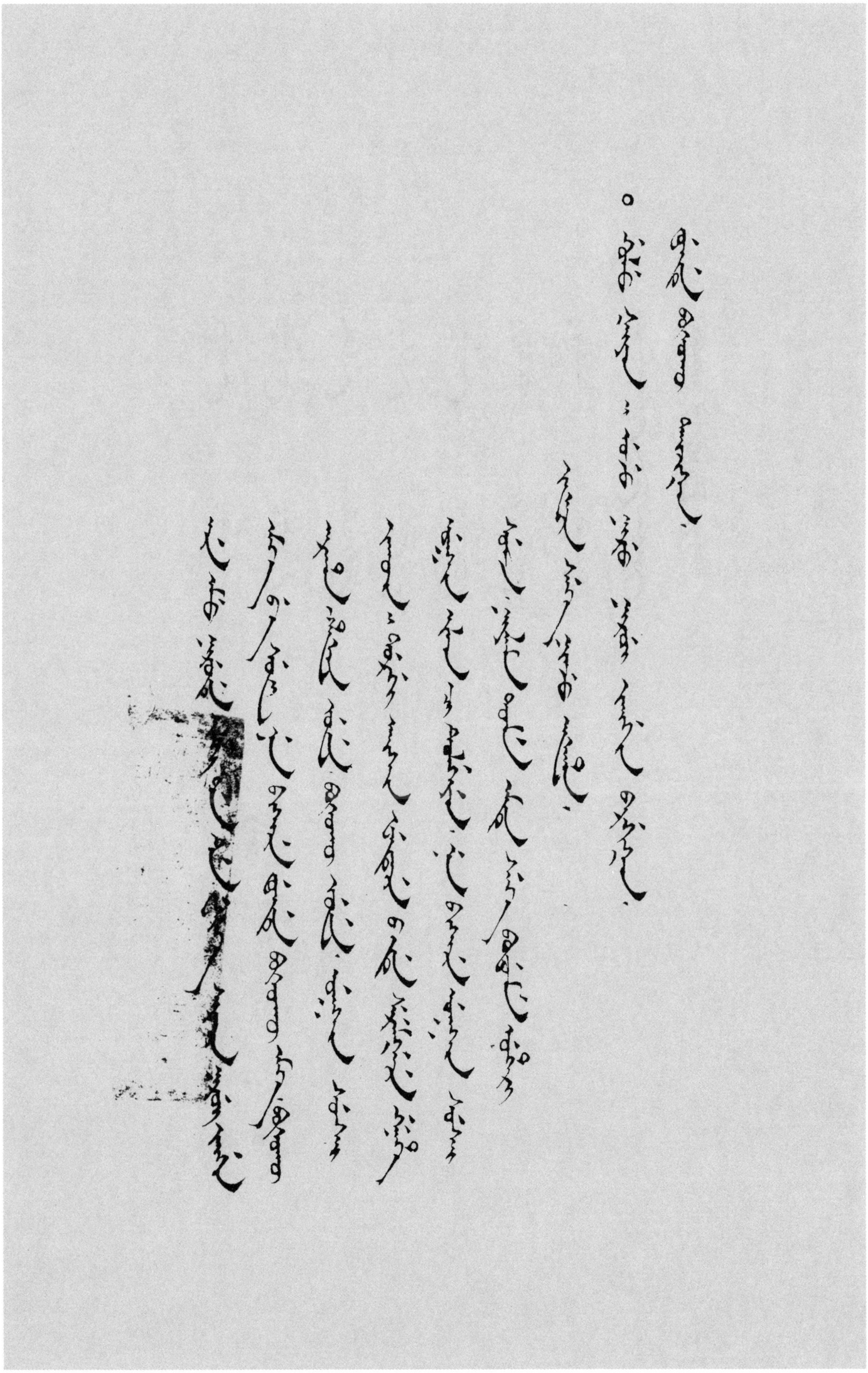

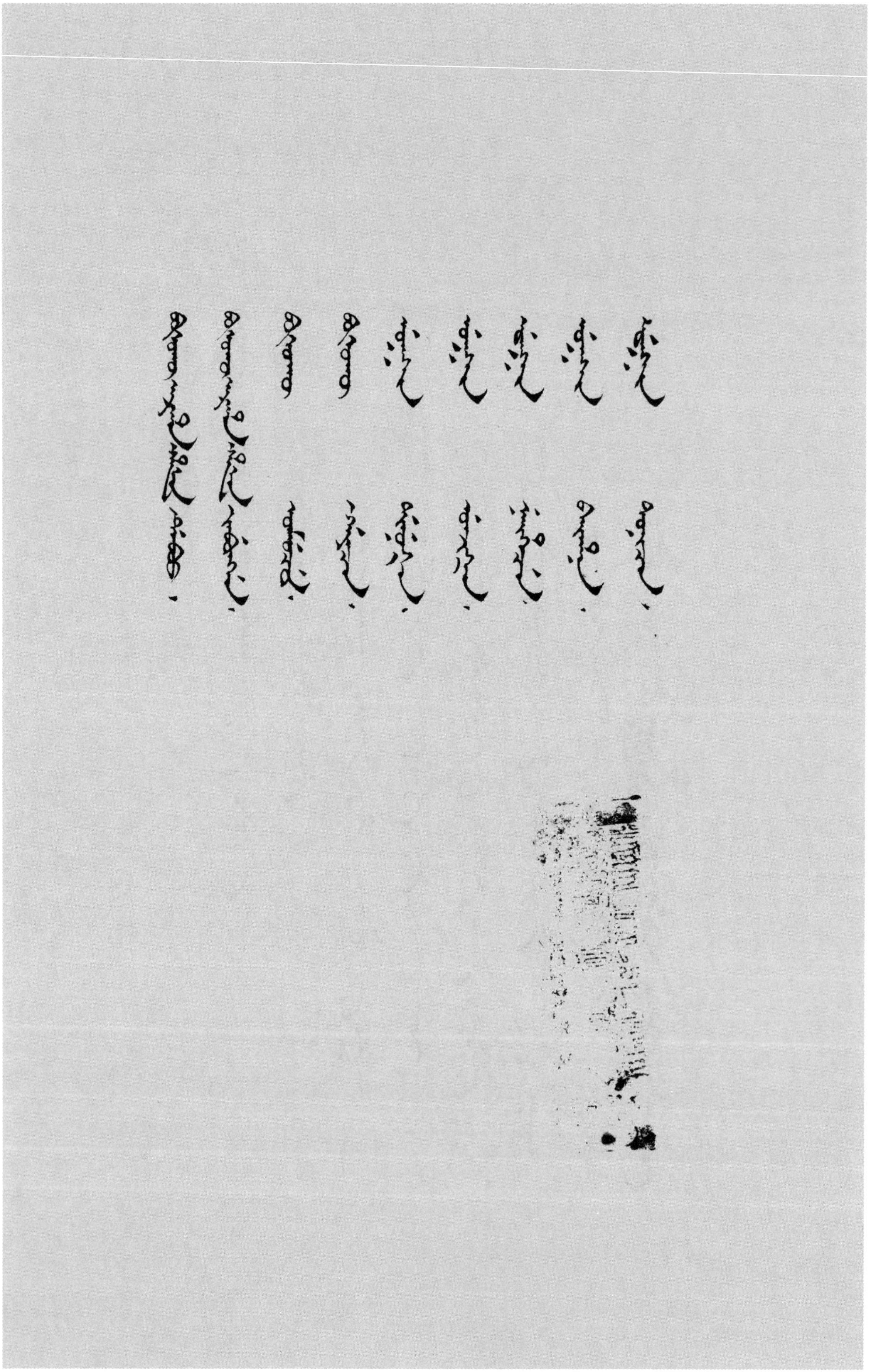

ᡝᠮᡠ
ᡝᠮᡠ
ᡝᠮᡠ
ᡝᠮᡠ
ᡝᠮᡠ

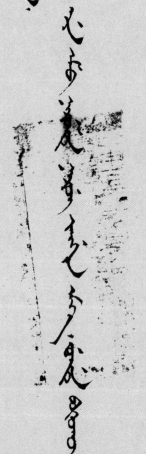

清代黑龙江户口档案选编·鄂伦春索伦达呼尔贡貂牲丁册 光绪朝

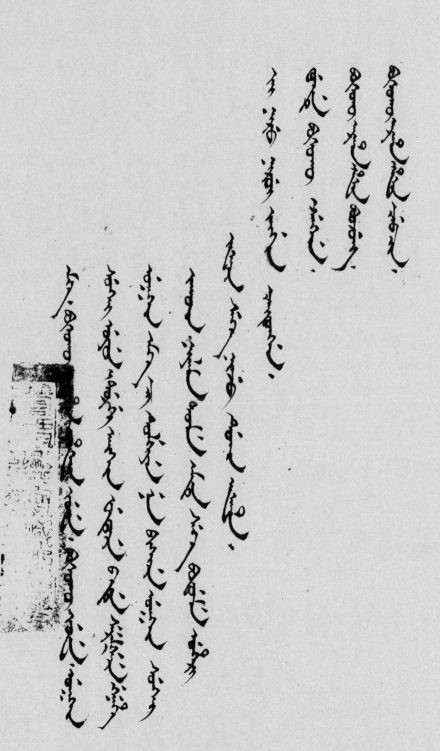

清代黑龙江户口档案选编·鄂伦春索伦达呼尔贡貂牲丁册 光绪朝

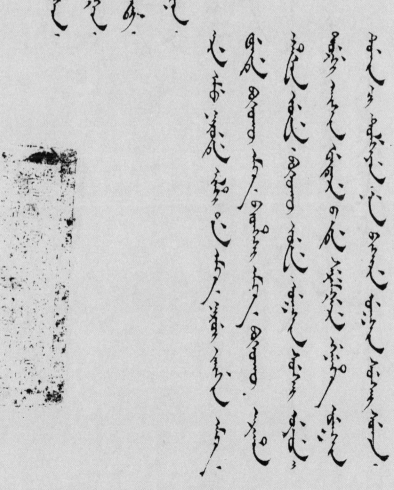

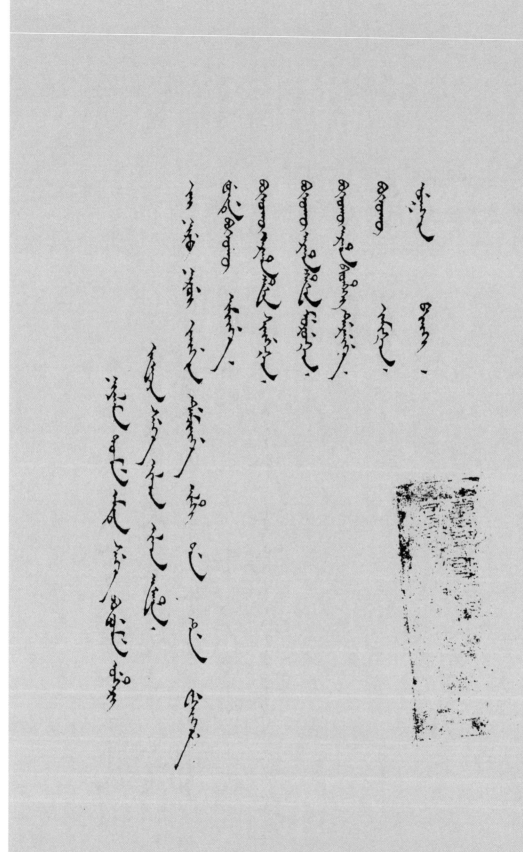

清代黑龙江户口档案选编·鄂伦春索伦达呼尔贡貂牲丁册 光绪朝

ᡥᠠᠯᠠ
ᡥᠠᠯᠠ
ᡥᠠᠯᠠ
ᡥᠠᠯᠠ
ᡥᠠᠯᠠ
ᡥᠠᠯᠠ
ᡥᠠᠯᠠ
ᡥᠠᠯᠠ
ᡥᠠᠯᠠ

清代黑龙江户口档案选编·鄂伦春索伦达呼尔贡貂牲丁册 光绪朝

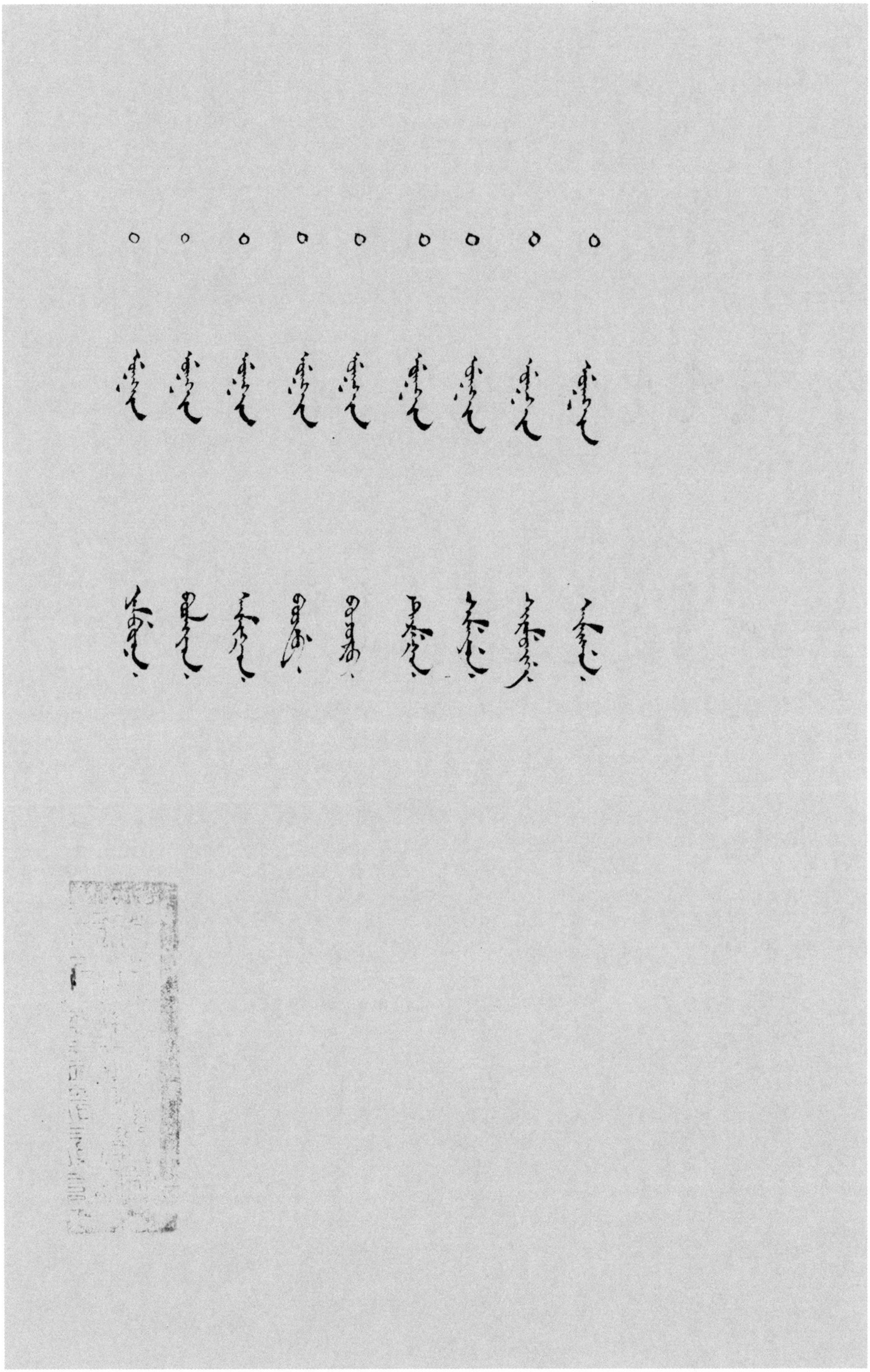

�᠌ᡳ ᠌ᡳ ᠌ᡳ ᠌ᡳ ᠌ᡳ ᠌ᡳ ᠌ᡳ ᠌ᡳ ᠌ᡳ

清代黑龙江户口档案选编·鄂伦春索伦达呼尔贡貂牲丁册 光绪朝

ᠮᠠᠨᠵᠤ ᠪᠢᡨᡥᡝ

ᠮᠠᠨᠵᡠ ᠪᡳᡨᡥᡝ

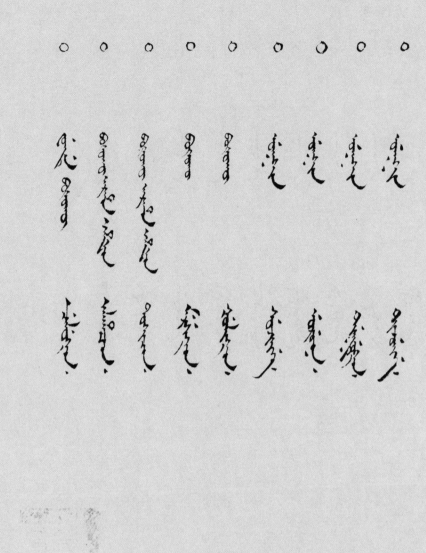

ᠣ   ᠣ   ᠣ   ᠣ   ᠣ   ᠣ   ᠣ   ᠣ   ᠣ   ᠣ

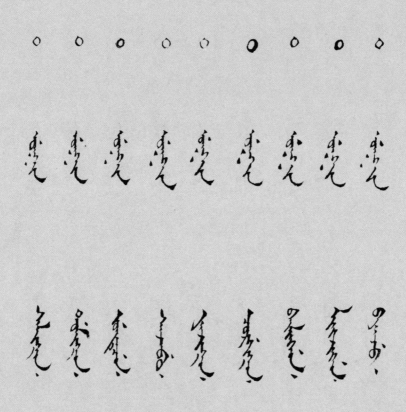

【兴安城副都统衔总管乌尔滚巴雅尔为呈报鄂伦春八旗官兵旗佐职名及贡貂数目册致黑龙江将军（光绪十七年六月初一日）】

ᠣ　　ᠣ　ᠣ　ᠣ　ᠣ　ᠣ　ᠣ　ᠣ　ᠣ　ᠣ

ᠵᠠᠯᠠᠨ　ᠵᠠᠯᠠᠨ　ᠵᠠᠯᠠᠨ　ᠵᠠᠯᠠᠨ　ᠵᠠᠯᠠᠨ　ᠵᠠᠯᠠᠨ　ᠵᠠᠯᠠᠨ　ᠵᠠᠯᠠᠨ　ᠵᠠᠯᠠᠨ

ᠣ ᠣ ᠣ ᠣ ᠣ ᠣ ᠣ

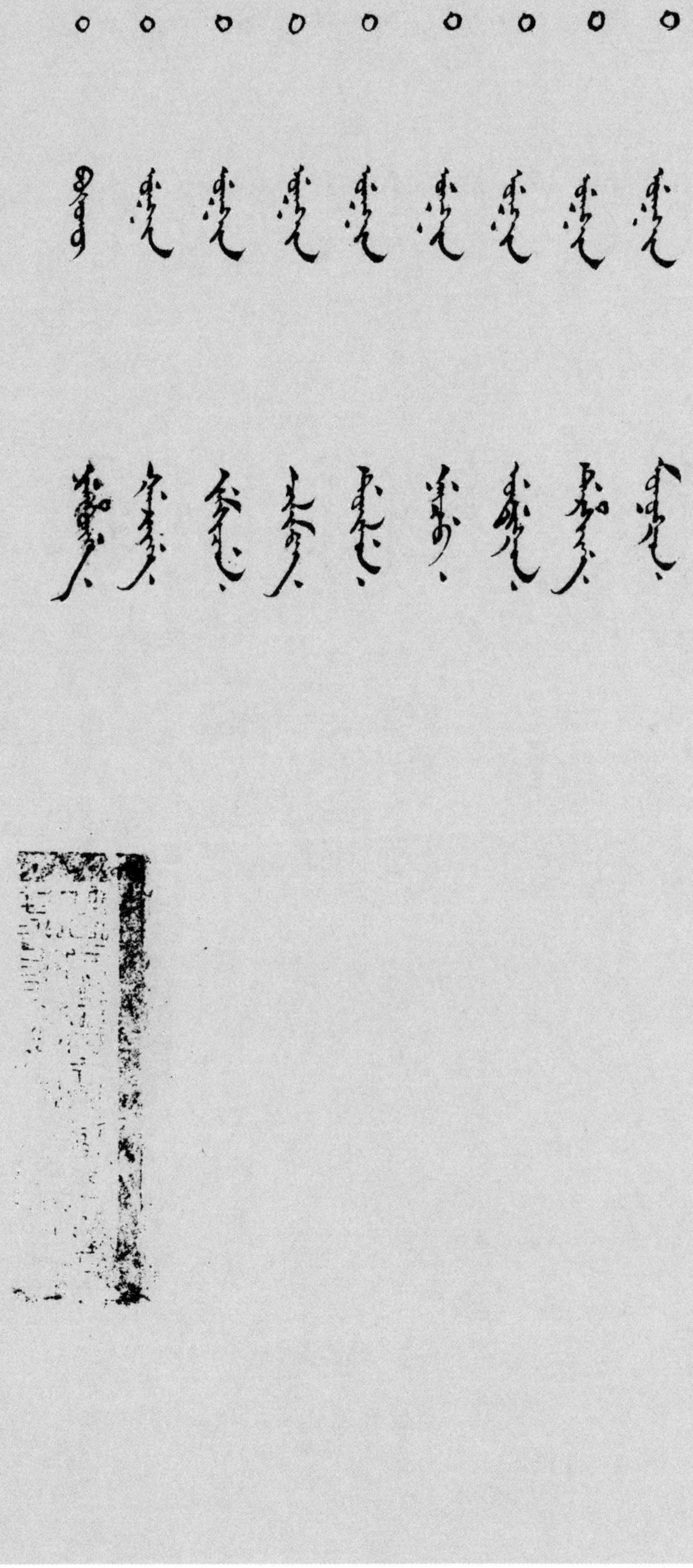

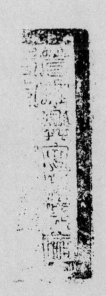

ᠣ　ᠣ　ᠣ　ᠣ　ᠣ　ᠣ　ᠣ　ᠣ　ᠣ　ᠣ

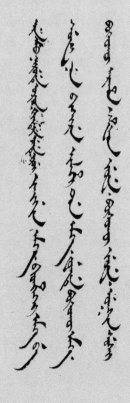

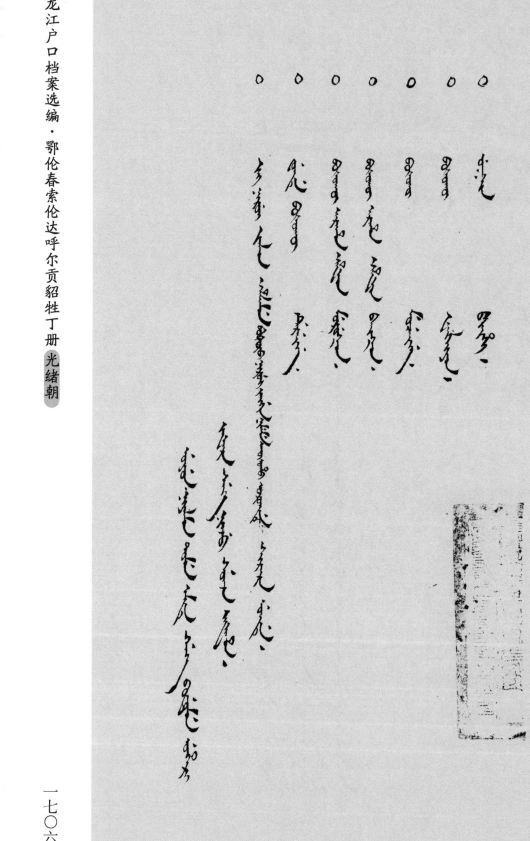

ᡠᠯ ᡠᠯ ᡠᠯ ᡠᠯ ᡠᠯ ᡠᠯ ᡠᠯ ᡠᠯ ᡠᠯ

清代黑龙江户口档案选编·鄂伦春索伦达呼尔贡貂牲丁册 光绪朝

ᠣ ᠣ ᠣ ᠣ ᠣ ᠣ ᠣ ᠣ ᠣ ᠣ

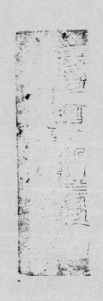

清代黑龙江户口档案选编·鄂伦春索伦达呼尔贡貂牲丁册 光绪朝

〇 〇 〇 〇 〇 〇 〇 〇 〇 〇

【兴安城副都统衔总管乌尔滚巴雅尔为呈报鄂伦春八旗官兵旗佐职名及贡貂数目册致黑龙江将军（光绪十七年六月初一日）】

一七一五

ᠣ ᠣ ᠣ ᠣ

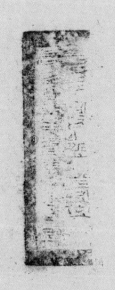

清代黑龙江户口档案选编·鄂伦春索伦达呼尔贡貂牲丁册 光绪朝

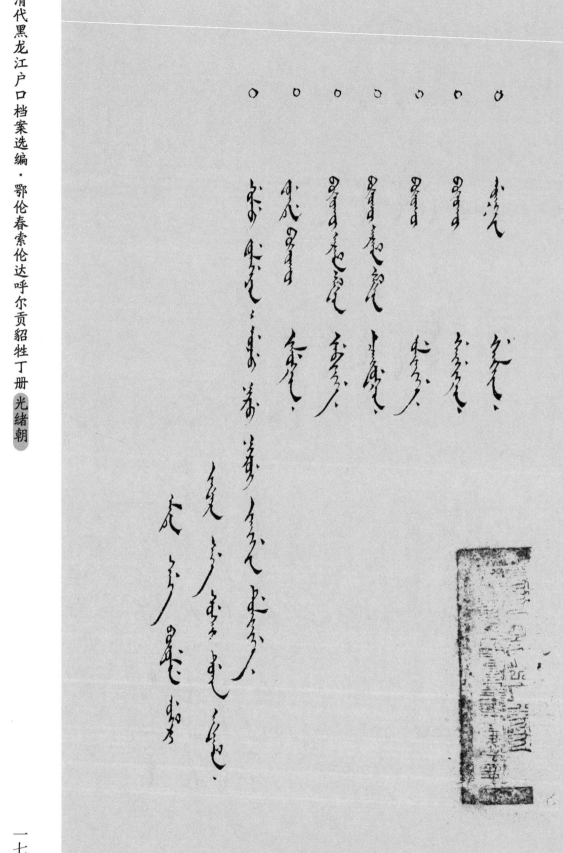

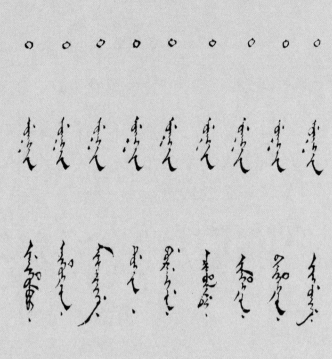

ᠣ　ᠣ　ᠣ　ᠣ　ᠣ　ᠣ　ᠣ　ᠣ　ᠣ

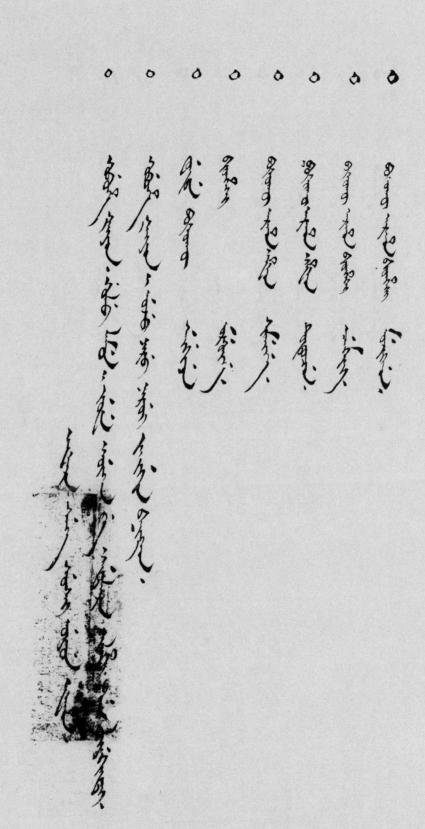

ᡆ ᡆ ᡆ ᡆ ᡆ

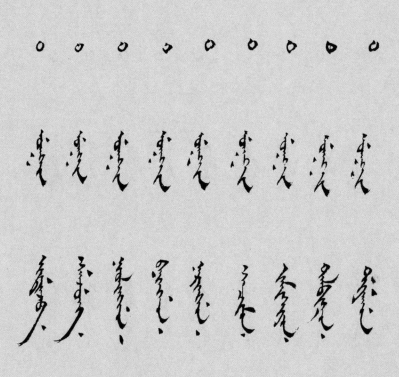